Saber Interativo

QUAIS AS MUDANÇAS TECNOLÓGICAS, ECONÔMICAS E SOCIAIS DA

GLOBALIZAÇÃO?

RICARDO DREGUER E ROBERTO CANER

1ª edição
São Paulo, 2014

MODERNA

COORDENAÇÃO EDITORIAL: Lisabeth Bansi
ASSISTÊNCIA EDITORIAL: Patrícia Capano Sanchez
PREPARAÇÃO DE TEXTO: Ana Catarina Nogueira
COORDENAÇÃO DE EDIÇÃO DE ARTE: Camila Fiorenza
DIAGRAMAÇÃO: Cristina Uetake, Elisa Nogueira, Michele Figueiredo
PESQUISA ICONOGRÁFICA: Mariana Veloso Lima, Maria Magalhães
TRATAMENTO DE IMAGENS: Arleth Rodrigues, Resolução Arte e Imagem
ILUSTRAÇÕES: Bruna Assis Brasil, Caio Cardoso, Elder Galvão,
Glauco Diógenes, Paola Lopes e Weberson Santiago
IMAGEM DE CAPA: © C. Mayhew & R. Simmon (Nasa/GSFC), NOAA/NGDC, DSMP Digital Archive
CARTOGRAFIA: Anderson de Andrade Pimentel,
Ericson Guilherme Luciano e Fernando José Ferreira
COORDENAÇÃO DE REVISÃO: Elaine C. del Nero
REVISÃO: Andrea Ortiz
COORDENAÇÃO DE *BUREAU*: Américo Jesus
PRÉ-IMPRESSÃO: Vitória Sousa
COORDENAÇÃO DE PRODUÇÃO INDUSTRIAL: Wilson Aparecido Troque
IMPRESSÃO E ACABAMENTO: LIS Gráfica

Dados Internacionais de Catalogação na Publicação (CIP)
(Câmara Brasileira do Livro, SP, Brasil)

Dreguer, Ricardo
Quais as mudanças tecnológicas, econômicas e sociais da globalização? / Ricardo Dreguer, Roberto Caner.
1. ed. – São Paulo : Moderna, 2014. – (Coleção Saber Interativo)

ISBN: 978-85-16-09430-0

1. Globalização – Aspectos culturais 2. Globalização – Aspectos econômicos 3. Globalização – Aspectos sociais 4. Inovações tecnológicas 5. Mudança social I. Caner, Roberto. II. Título. III. Série.

14-03984 CDD-372.8

Índice para catálogo sistemático:
1. Globalização : Ensino fundamental 372.8

EDITORA MODERNA LTDA.
Rua Padre Adelino, 758 – Belenzinho
São Paulo – SP – Brasil – CEP 03303-904
Vendas e Atendimento: Tel. (11) 2790-1300
Fax (11) 2790-1501
www.modernaliteratura.com.br
2014
Impresso no Brasil

ilustrações de CAIO CARDOSO

Saber interativo

Hoje, com um simples toque na tela do *tablet* ou do celular, você pode acessar rapidamente milhares de informações, mas elas precisam ser organizadas e transformadas em conhecimento.

Esse é o objetivo desta coleção: ajudá-lo a desenvolver um *Saber Interativo*.

Para isso, você vai utilizar informações de diferentes fontes para entender e explicar um assunto presente em seu cotidiano, conectando saberes de diferentes disciplinas.

© JAKKRIT ORRASRI/SHUTTERSTOCK

© VIKTORIA KAZAKOVA/SHUTTERSTOCK

Seu desafio

Neste livro, você vai refletir sobre a seguinte questão:

Quais as mudanças tecnológicas, econômicas e sociais da Globalização?

Para isso, você vai interligar informações de Geografia, Ciências Naturais, História, Língua Portuguesa e Arte.

Boa interatividade!

© TORIA/SHUTTERSTOCK

Sumário

INÍCIO DE CONVERSA

TECNOLOGIA, CIÊNCIA E HISTÓRIA

REVOLUÇÃO TÉCNICO-CIENTÍFICA E GLOBALIZAÇÃO

© JOHN KELLERMAN/ALAMY/LATINSTOCK

FLUXOS E ESPAÇO GEOGRÁFICO

COTIDIANO E RESISTÊNCIA

LIGANDO OS PONTOS

Início de conversa

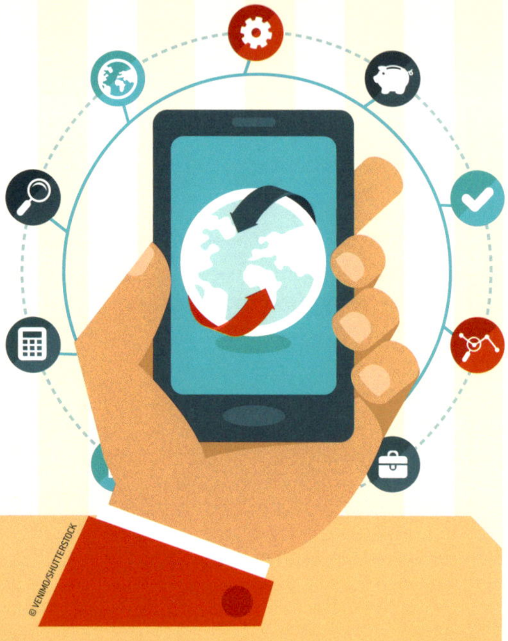
© VEKIMO/SHUTTERSTOCK

Um novo modo de vida?

Atualmente, nos comunicamos instantaneamente com nossos colegas ou amigos, mesmo de lugares distantes, por mensagens eletrônicas, pagamos nossas compras com cartões ou pela internet, que também nos permite conhecer lugares distantes em segundos...

Mas como tudo isso alterou nosso modo de vida? O que mudou nos relacionamentos pessoais? E na circulação de mercadorias e pessoas? As relações entre governos de diferentes países também mudaram? Essas mudanças são boas ou ruins?

Mudanças em vários níveis

No final do século XX e início do XXI ocorreu um conjunto de mudanças em vários níveis da vida em sociedade:

ECONÔMICAS

Novas formas de produção de bens e serviços.

© XU ZIJIAN/XINHUA PRESS/CORBIS/LATINSTOCK

Trabalhador brasileiro em empresa multinacional.

TECNOLÓGICAS

Inovações técnicas que revolucionaram as relações humanas.

© RICARDO AZOURY/PULSAR IMAGENS

Robôs em linha de montagem de automóveis.

ilustrações de CAIO CARDOSO

O que é globalização?

O conjunto de mudanças econômicas, tecnológicas, sociais e culturais ocorridas no final do século XX e no início do século XXI foi chamado de globalização, pois alguns pesquisadores consideram que elas atingiram direta ou indiretamente todos os seres humanos do globo terrestre.

Mas será que no Brasil e em outros países do mundo todas as pessoas têm o mesmo acesso a essas mudanças tecnológicas? Será que as mudanças econômicas, sociais e culturais atingiram igualmente todos os grupos sociais? Como elas se deram nos países ricos e pobres?

Outras palavras

Globalização e espaço geográfico

[...] defendemos que o espaço geográfico é uma dimensão fundamental da globalização, até porque, embora pouco lembrado, a própria palavra globalização é tributária da geografia, deriva de globo. Desde o seu início, redundando na atual etapa da globalização, que a expansão capitalista consiste num processo de incorporação de espaços nos lugares mais recônditos do planeta Terra.

SENE, Eustáquio de. *Globalização e espaço geográfico*. São Paulo: Contexto, 2012. p. 19.

SOCIAIS

Novos grupos sociais enriquecidos ou excluídos.

© ROGÉRIO REIS/PULSAR IMAGENS

Prédios de luxo e moradias simples no Brasil atual.

CULTURAIS

Novas formas de alimentação, relações familiares, trabalho e lazer.

© HIYA IMAGES/CORBIS/LATINSTOCK

Membros de uma família usando celulares e *tablets*.

ilustrações de GLAUCO DIÓGENES
e PAOLA LOPES

Tecnologia, Ciência e História

O que é tecnologia?

A palavra tecnologia surgiu da junção dos termos gregos *techné* (saber fazer) e *logus* (razão, estudo), significando o conhecimento das técnicas, processos, métodos e instrumentos de uma determinada atividade humana.

Os estudiosos da tecnologia procuram entender o contexto em que determinadas técnicas foram criadas e quais suas influências no modo de vida dos seres humanos, relacionando tecnologia e sociedade.

Três revoluções

PRIMEIRA REVOLUÇÃO INDUSTRIAL

Máquina a vapor do século XVIII.

SEGUNDA REVOLUÇÃO INDUSTRIAL

Automóvel do início do século XX.

REVOLUÇÃO TÉCNICO-CIENTÍFICA

Computador de 1976.

1770	1780	1790	1800							1870	1880	1890	1900							1970	1980	1990	2000

Primeira Revolução e Capitalismo Industrial

No final do século XVIII e início do XIX, a Inglaterra reuniu condições que a tornaram pioneira na primeira revolução industrial:

- **acúmulo de capitais pela exploração marítima e comercial;**
- **burgueses dispostos a investir esses capitais na criação de novas máquinas e de fábricas, que deram origem à indústria moderna;**
- **trabalhadores que migravam do campo para a cidade em busca de trabalho e deram origem à classe operária.**

Todas essas transformações deram início a uma nova fase da história da humanidade, que foi chamada de **capitalismo industrial**.

Interior de fábrica de carvão do início do século XIX (litografia de Ignace François Bonhomme – c. 1860).

Outras palavras

Abaixo as máquinas!

A classe operária começou a se opor à burguesia quando resistiu violentamente à introdução das máquinas [...] Deste modo, os primeiros inventores [...] começaram a ser perseguidos e suas máquinas destruídas; mais tarde deu-se um grande número de revoltas contra as máquinas.

ENGELS, F. *A situação da classe operária na Inglaterra*. São Paulo: Global, 1986. p. 242

Você sabia?

As mudanças de cada revolução não ocorreram repentinamente, mas tiveram início nos momentos anteriores e continuaram ocorrendo posteriormente, até que um novo ciclo de mudanças tivesse início.

A máquina a vapor

ilustrações de GLAUCO DIÓGENES e PAOLA LOPES

Uma das principais mudanças da primeira revolução industrial foi o uso de máquinas a vapor nas fábricas, que ampliaram muito a produção.

Em 1712, Thomas Newcomen criou uma máquina a vapor, aperfeiçoada por James Watt em 1769.

Você sabia?

Em 1804, o inglês Richard Trevithick criou a locomotiva a vapor – máquina que usa vapor para impulsionar trens – o principal meio de transporte de mercadorias e pessoas no século XIX.

CONDENSADOR

No condensador o vapor é resfriado, transformando-se novamente em água líquida, que é devolvida para a caldeira, onde o processo recomeça.

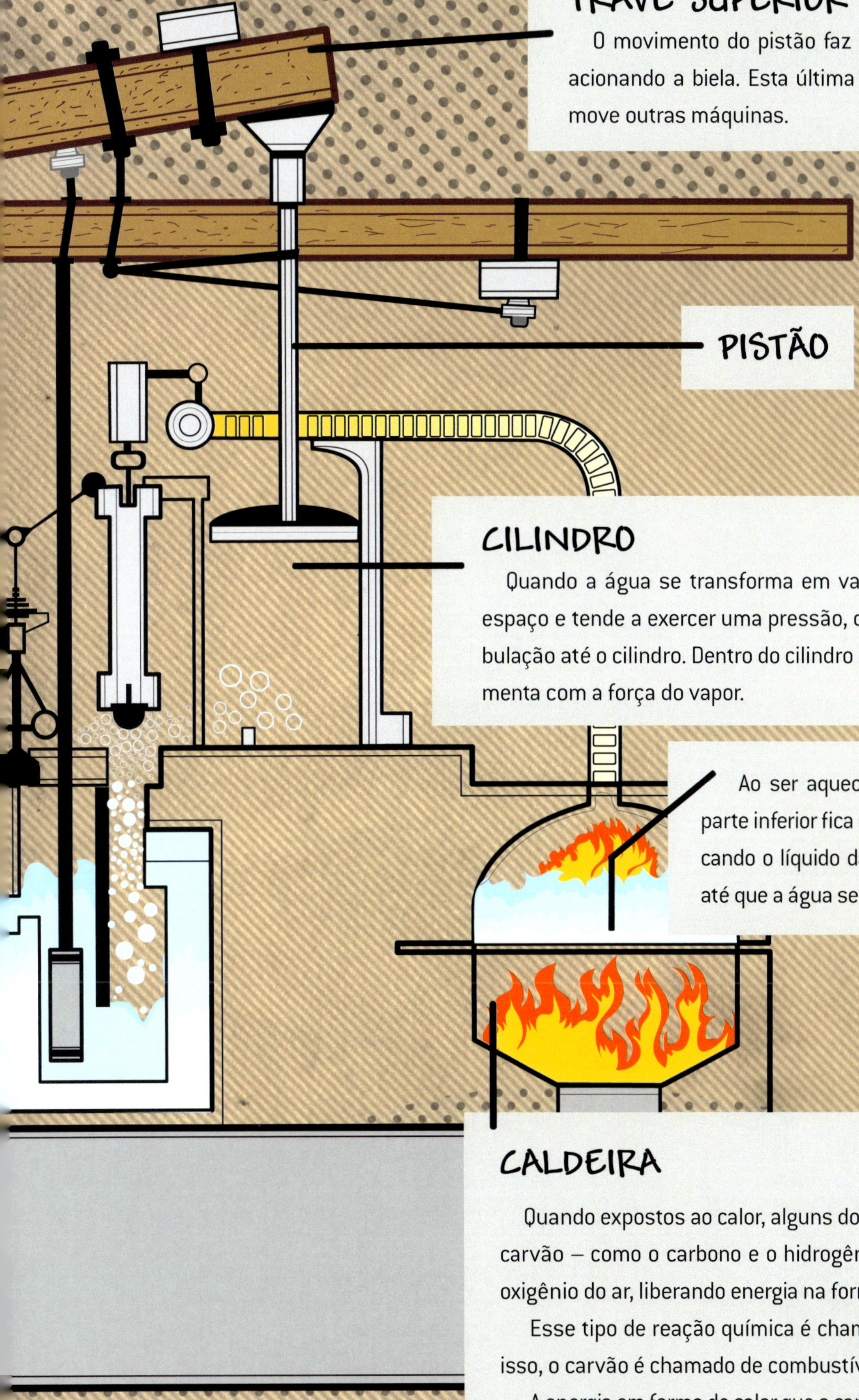

TRAVE SUPERIOR

O movimento do pistão faz a trave superior se mover, acionando a biela. Esta última movimenta o volante, que move outras máquinas.

PISTÃO

CILINDRO

Quando a água se transforma em vapor, passa a ocupar mais espaço e tende a exercer uma pressão, deslocando-se por uma tubulação até o cilindro. Dentro do cilindro há um pistão que se movimenta com a força do vapor.

Ao ser aquecida na caldeira, a água da parte inferior fica menos densa e sobe, deslocando o líquido da parte superior para baixo até que a água se transforme em vapor.

CALDEIRA

Quando expostos ao calor, alguns dos elementos presentes no carvão – como o carbono e o hidrogênio – se combinam com o oxigênio do ar, liberando energia na forma de luz e calor.

Esse tipo de reação química é chamado de combustão e, por isso, o carvão é chamado de combustível.

A energia em forma de calor que o carvão libera quando queimado é usada para esquentar a água da caldeira da máquina a vapor.

Segunda Revolução e Capitalismo Financeiro

Expansão da indústria para outros países da Europa, além da Inglaterra.

Grande importância das instituições financeiras, como bancos, que emprestavam dinheiro aos industriais, cobrando juros altos. Por isso, essa nova fase da história foi chamada de **capitalismo financeiro**.

Os EUA também desenvolveram muito sua indústria e rede ferroviária no final do século XIX e início do XX.

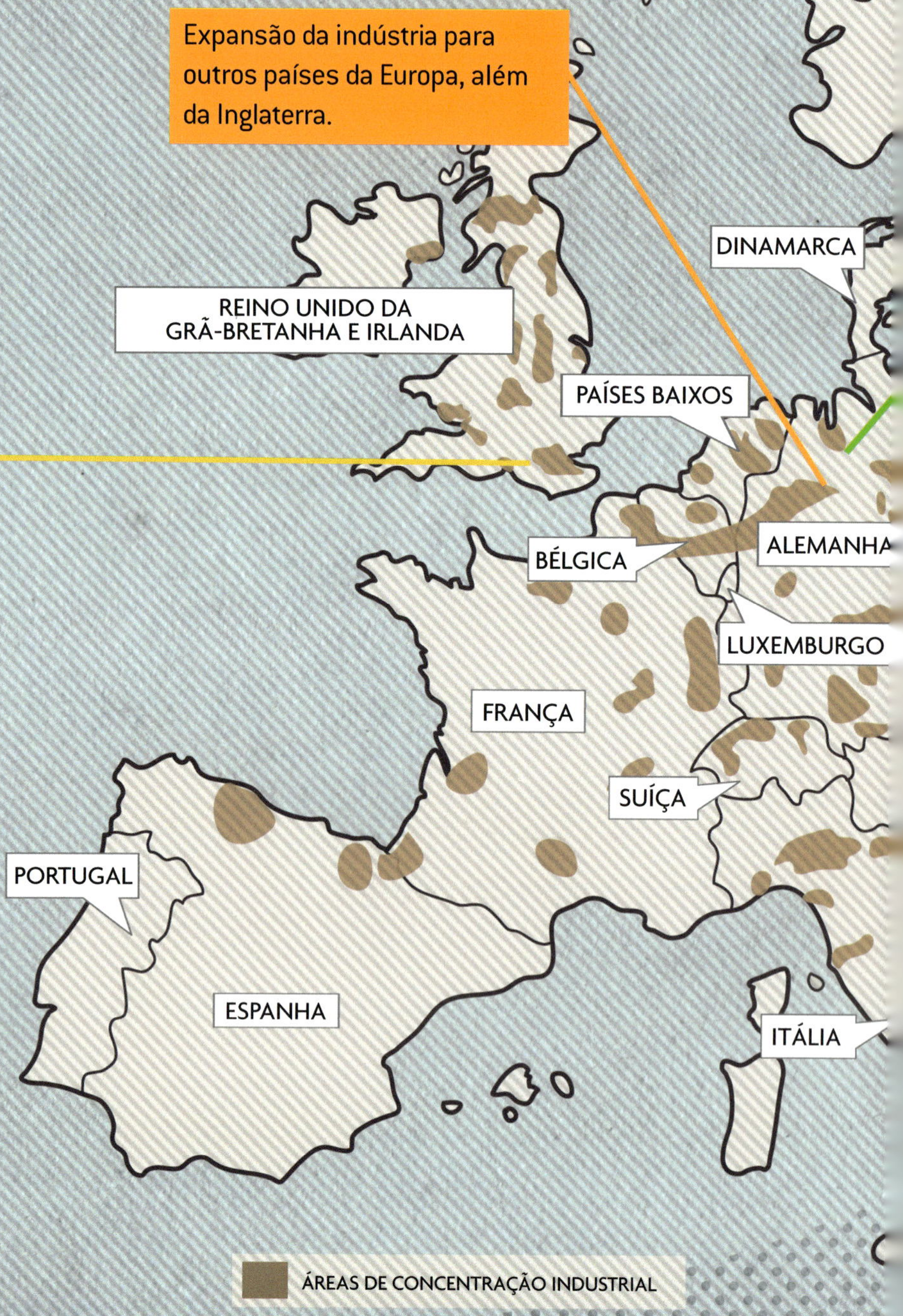

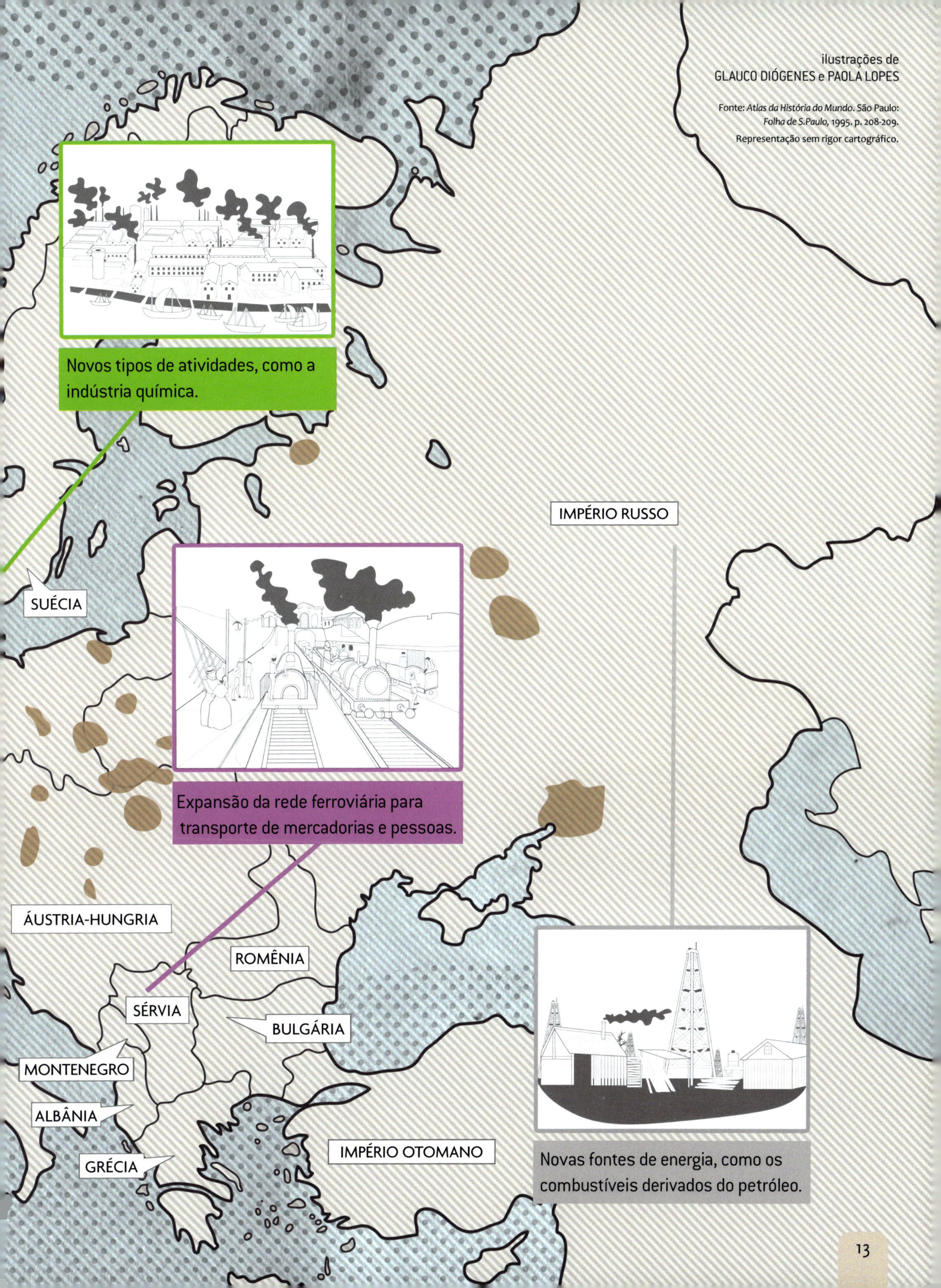

Novos tipos de atividades, como a indústria química.

Expansão da rede ferroviária para transporte de mercadorias e pessoas.

Novas fontes de energia, como os combustíveis derivados do petróleo.

ilustrações de
GLAUCO DIÓGENES e PAOLA LOPES

Fonte: *Atlas da História do Mundo*. São Paulo: *Folha de S.Paulo*, 1995. p. 208-209.
Representação sem rigor cartográfico.

Da energia mecânica à elétrica

Nas décadas de 1880 e 1890 foram criadas as primeiras usinas hidrelétricas – que produziam eletricidade em grande escala – cuja estrutura geral permanece até hoje.

A força da água de um reservatório é utilizada para movimentar a turbina ligada a um gerador:

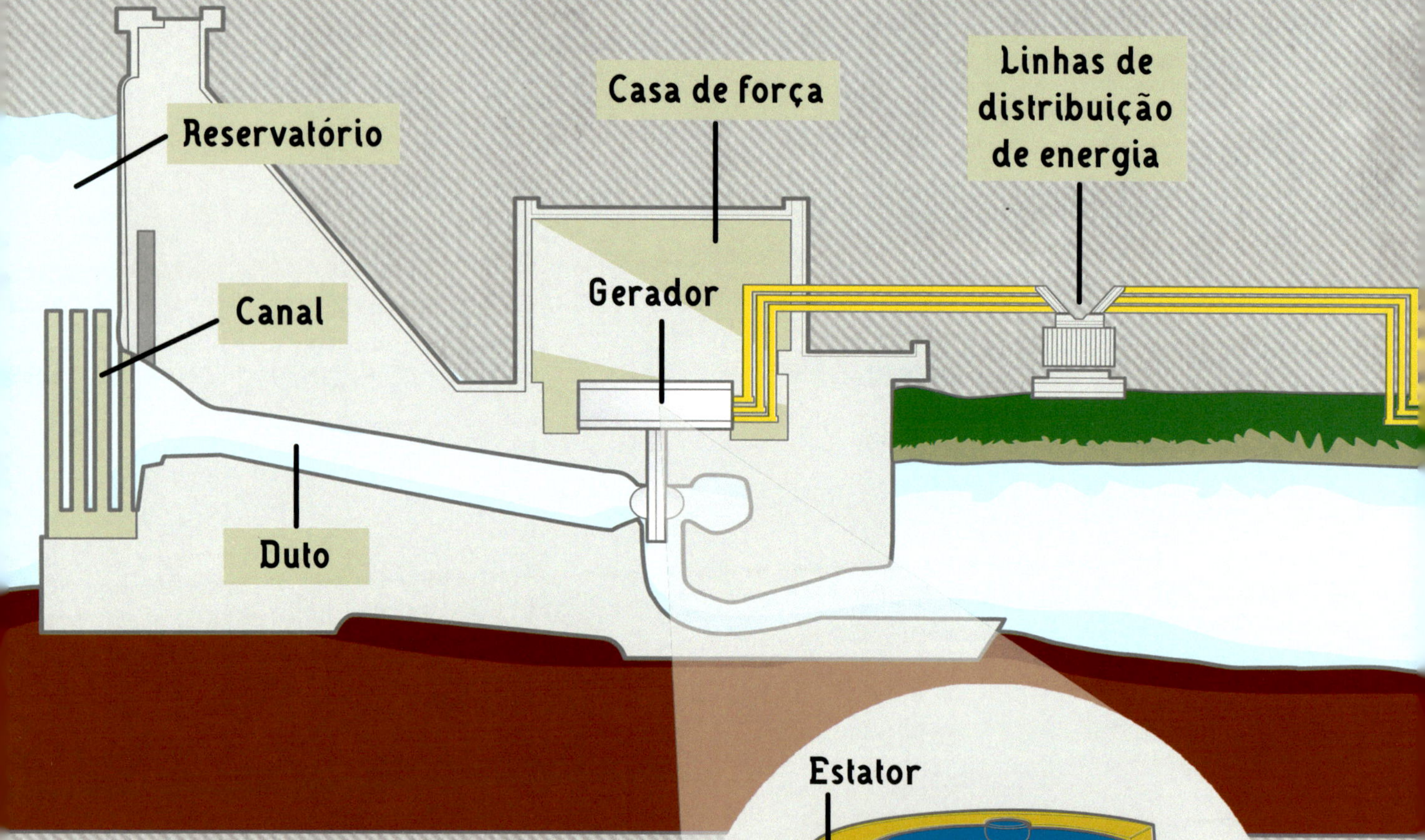

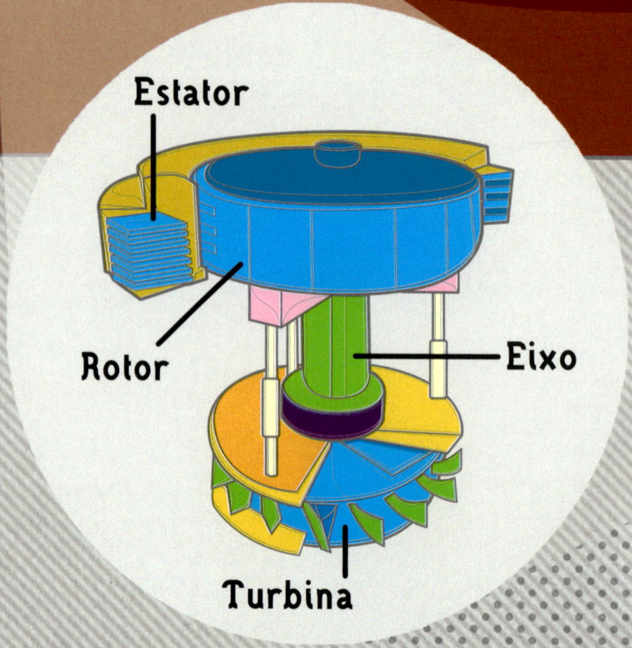

No gerador, as **turbinas** fazem girar o **eixo**, que movimenta o **rotor**, composto por uma série de grandes eletroímãs. O rotor gira dentro do **estator**, uma bobina de fios de cobre de alta pressão.

O campo magnético formado entre os ímãs do rotor e os fios do estator produz uma corrente elétrica, transformando a energia mecânica das turbinas em energia elétrica, que é enviada para as linhas de distribuição.

ilustrações de GLAUCO DIÓGENES e PAOLA LOPES

As usinas hidrelétricas no Brasil

A primeira usina hidrelétrica brasileira foi construída no final do século XIX, e ao longo do século XX foram construídas centenas de hidrelétricas, responsáveis por cerca de 70% da energia elétrica consumida no Brasil. No século XIX foram construídas várias hidrelétricas no Brasil, como a localizada em Belo Monte, no estado do Pará.

Usina hidrelétrica no Brasil na década de 1930.

@ Deu na internet

A usina de Belo Monte é boa para o Brasil?

SIM – EM BUSCA DO EQUILÍBRIO

Mauricio Tolmasquim

[...] Belo Monte e outras usinas hidrelétricas podem sim ser vetor da preservação e do uso sustentável da floresta, com a inclusão social das populações que vivem em condições precárias, sem acesso a serviços públicos básicos. [...]

Modernamente, a implantação de projetos hidrelétricos se faz mediante uma série de condicionantes socioambientais, que se traduzem em investimentos para preservação ambiental [...]

O desenvolvimento sustentável requer o equilíbrio entre as três dimensões pelas quais deve ser avaliado um projeto – a social, a ambiental e a técnico-econômica –, e não a prevalência de qualquer uma delas. Belo Monte, na forma como está sendo implantada, demonstra que esse equilíbrio é a chave do sucesso.

NÃO – INADIMPLÊNCIA SOCIOAMBIENTAL

André Villas-Bôas

[...] Apesar de a obra estar sendo planejada há 30 anos, a região atingida para receber a terceira maior hidrelétrica do mundo não obteve os investimentos e ações necessários para mitigar e compensar de maneira adequada seus impactos. [...]

Os programas de prevenção ou diminuição dos impactos relacionados à saúde indígena e à integridade de seus territórios, pressionados pelo aumento de renda e população trazidos à região pela obra, não saíram até hoje do papel [...].

A somatória de erros de Belo Monte não pode se repetir na Amazônia. A ausência de planejamento socioambiental responsável e respeito às instituições democráticas vão na contramão de qualquer projeto de desenvolvimento sustentável

Disponível em: http://ow.ly/xAgWM. Acesso em: 21 jul. 2014.

Obras de construção da usina de Belo Monte, no Pará.

ilustrações de WEBERSON SANTIAGO

Revolução Técnico-científica e Globalização

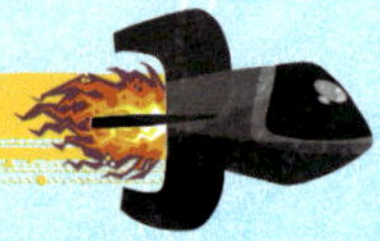

Segunda Guerra Mundial e tecnologia

Ao longo do século XX os governos e as grandes empresas intensificaram os investimentos em inovações tecnológicas. Durante a Segunda Guerra Mundial (1939-1945), esses investimentos foram ampliados.

Nesse período, ocorreram mudanças nas indústrias da aviação e da navegação, com tecnologias a propulsão e deslocamentos embaixo da água, e o aprimoramento dos submarinos, além dos primeiros computadores com finalidades militares.

© MILITARY IMAGES/ALAMY/LATINSTOCK

Submarino utilizado na Segunda Guerra Mundial.

Guerra Fria e inovações tecnológicas

A Guerra Fria – conflito indireto entre Estados Unidos e União Soviética no período de 1945 a 1989 – também foi um momento de inovação em ciência e tecnologia:

UNIÃO SOVIÉTICA

- 1957: lançamento do satélite Sputnik 1.
- 1957: lançamento de satélite levando um ser vivo, a cadela Laika.
- 1961: lançamento de um satélite com um ser humano a bordo, o soviético Yuri Gagarin.

ESTADOS UNIDOS

- 1958: criação da Arpa (Agência de Projetos de Pesquisa Avançada).
- 1960: montagem de uma rede interativa de computadores espalhados pelo país, que originou a internet.

A década de 1970

A partir da década de 1970 as grandes empresas investiram em diversas inovações tecnológicas, criando novos modos de produzir e grande diversidade de produtos.

As mudanças no setor de telecomunicações, com o uso de satélites artificiais, de fibras ópticas e *laser* e de telefones móveis, possibilitaram a comunicação em tempo real, garantindo a circulação rápida e segura de dinheiro pelo mundo.

Robôs em linha de montagem de automóveis.

O Capitalismo Informacional

Nas décadas de 1980 e 1990, intensificaram-se as mudanças no sistema produtivo, com o uso de robôs, que ampliaram a produtividade das indústrias, mas geraram desemprego.

Essas mudanças no sistema de produção e na tecnologia deram início a uma nova fase do capitalismo, chamada por alguns autores de **capitalismo informacional**.

Transistor e microeletrônica

A revolução da tecnologia da informação é caracterizada por criações ou mudanças significativas na microeletrônica.

O transistor, criado em 1947, foi um dos grandes destaques dessa revolução. Com ele houve a possibilidade de processamento de impulsos elétricos em velocidade rápida, permitindo a codificação da lógica e da comunicação com e entre as máquinas.

Bardeen, Brattain e Shockle, inventores do transistor.

Outras palavras

Como funciona um transistor?

Todo transistor possui três terminais, que são as "perninhas" que você pode ver na imagem [...]. Um dos terminais recebe a tensão elétrica e o outro envia o sinal amplificado. O terminal do meio é o responsável pelo controle desse processo, pois a corrente elétrica entra e sai pelos outros dois terminais somente quando é aplicada tensão elétrica ao terminal do meio.

Para simplificar, podemos pensar no transistor como uma torneira. O lado do cano que vem da rua é o terminal de entrada e o lado de onde sai a água é o terminal de saída. Quando você abre ou fecha a torneira, sua mão atua como o terminal do meio. Quanto mais você girar a torneira, mais água passará.

HAUTSCH, Oliver. *O que é um transistor e porque ele é importante para o computador?* Disponível em: http://ow.ly/xAeLC. Acesso em: 21 jul. 2014.

ilustrações de WEBERSON SANTIAGO

Os *chips*

Nas décadas seguintes, os transistores foram aperfeiçoados e dispostos em cadeias, formando, com outros elementos, um sistema de transmissão que ficou conhecido como *chips*.

Os *chips*, produzidos com um elemento químico chamado silício, presente em minérios como o quartzo, são utilizados em brinquedos, eletrodomésticos, celulares, calculadoras, relógios, mísseis, satélites artificiais, supercomputadores e naves espaciais.

Você sabia?

A capacidade de um *chip* pode ser validada por uma combinação de três características: sua capacidade de integração medida em mícrons; sua capacidade de memória, medida em *bytes* – milhares (*kbytes*) e milhões (*megabytes*) – ; e a velocidade do microprocessador, medida em *mega-hertz*.

O SILÍCIO

Nome do Elemento Químico: Silício

Símbolo Químico: Si

Número Atômico (Z): 14

Peso Atômico: 28,0855

Grupo da Tabela: 14 (IVA)

Configuração Eletrônica: $1s^2 2s^2 2p^6 3s^2 3p^2$

Classificação: Metaloide

Estado Físico: Sólido (T=298K)

Densidade: 2,33 g/cm^3

Ponto de Fusão (PF): 1687,0 K

Ponto de Ebulição (PE): 3173,0 K

Disponível em: http://ow.ly/xAttI.
Acesso em: 21 jul. 2014

Admirável *chip* novo

Pitty

Pane no sistema alguém me desconfigurou
Aonde estão meus olhos de robô?
Eu não sabia, eu não tinha percebido
Eu sempre achei que era vivo
Parafuso e fluido em lugar de articulação
Até achava que aqui batia um coração
Nada é orgânico é tudo programado
E eu achando que tinha me libertado
Mais lá vêm eles novamente e
eu sei o que vou fazer:
Reinstalar o sistema
[...]

Multinacionais e redes transnacionais

UMA MULTINACIONAL BRASILEIRA

A Embraer é uma empresa multinacional brasileira que possui subsidiárias em outros países, como Portugal.

UMA REDE TRANSNACIONAL

A Embraer funciona como centro de uma rede transnacional, pois na montagem dos seus aviões ela recebe componentes produzidos em diferentes locais do mundo. Veja:

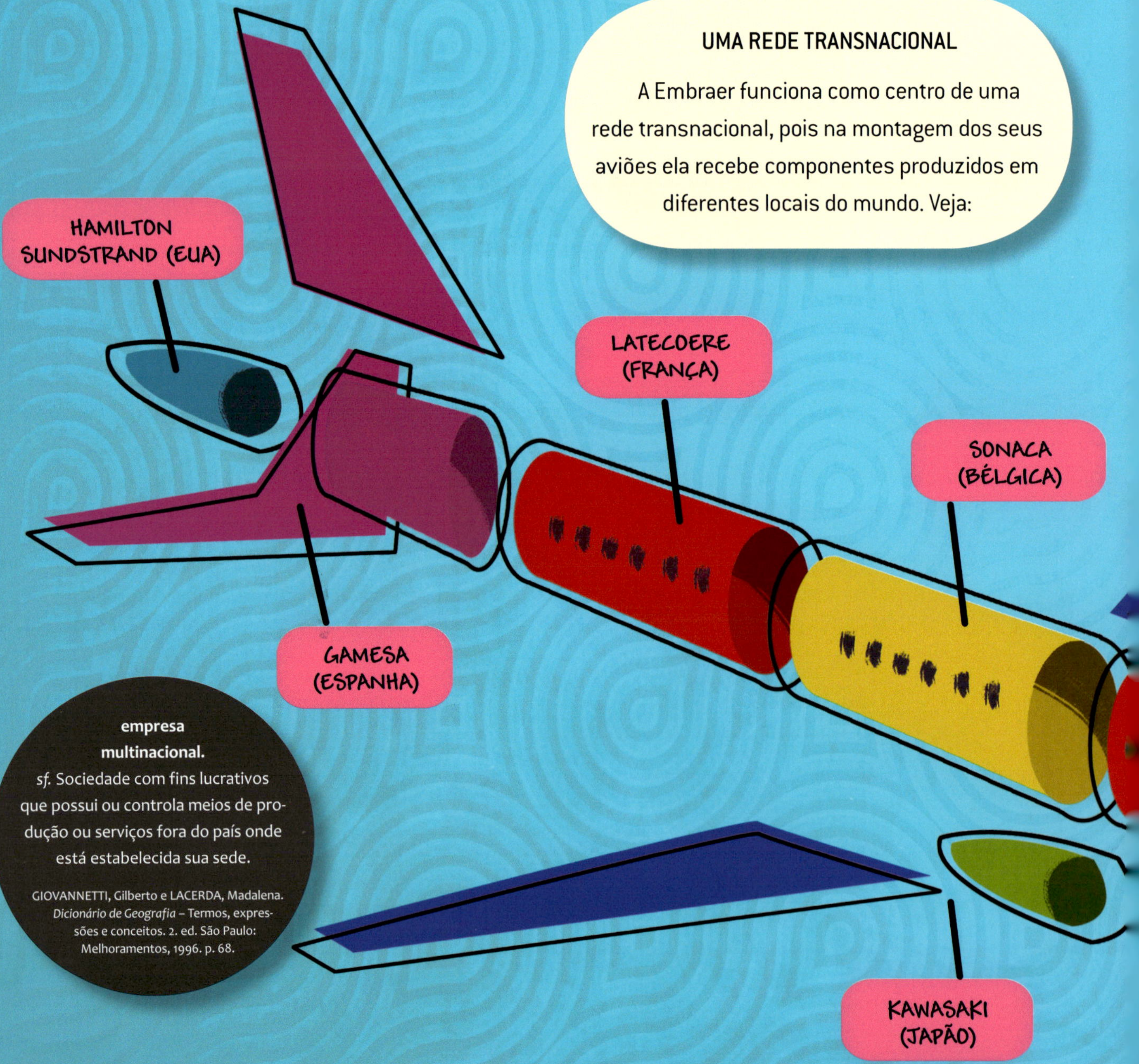

empresa multinacional.
sf. Sociedade com fins lucrativos que possui ou controla meios de produção ou serviços fora do país onde está estabelecida sua sede.

GIOVANNETTI, Gilberto e LACERDA, Madalena. *Dicionário de Geografia – Termos, expressões e conceitos*. 2. ed. São Paulo: Melhoramentos, 1996. p. 68.

ilustrações de WEBERSON SANTIAGO

Outras palavras

Redes transnacionais de produção

Cada vez mais a produção de bens e serviços não é realizada por empresas multinacionais, porém por redes transnacionais de produção, das quais as empresas multinacionais são componentes essenciais, porém componentes que não funcionariam sem o resto da rede. [...]

Essas redes de redes de produção têm uma geografia transnacional, que não é indiferenciada: cada função produtiva encontra local próprio (em termos de recursos, custos, qualidade e acesso ao mercado) e/ou se liga a uma nova empresa da rede que esteja no local apropriado.

CASTELLS, Manuel. *A sociedade em rede*. São Paulo: Paz e Terra, 1999. p. 163.

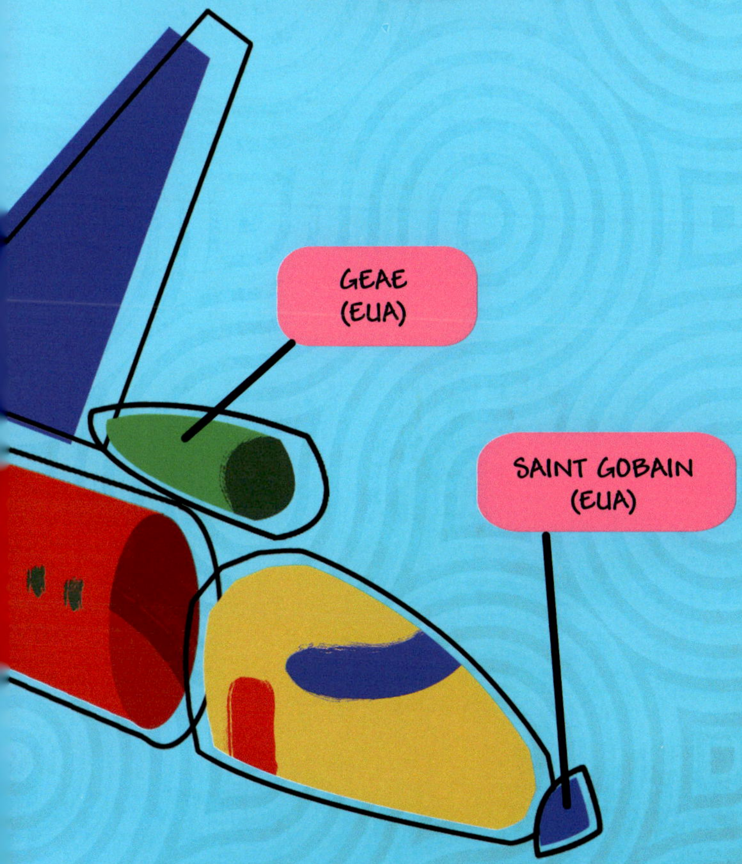

Fonte: Plano de Desenvolvimento do Polo Aeroespacial da região de São José dos Campos/SP. Disponível em: http://ow.ly/xAfJi. Acesso em: 21 jul. 2014.

@ **Deu na internet**

As 45 multinacionais brasileiras com maior presença lá fora

JBS lidera a lista das empresas do país com maior porcentagem de ativos, receita e funcionários no exterior.

[...] O levantamento considerou dados relativos a 2012. No cálculo de quão internacional uma empresa é, entram três critérios: ativos, receita e número de funcionários. [...]

A soma dos resultados dá origem ao índice de internacionalização das firmas, que apresentamos a seguir:

POSIÇÃO	EMPRESA	ÍNDICE DE TRANSNACIONALIDADE
1ª	JBS	0,589
2ª	Gerdau	0,542
3ª	Stefanini	0,496
4ª	Magnesita Refratários	0,457
5ª	Marfrig Alimentos	0,433
6ª	Metalfrio	0,427
7ª	Ibope	0,364
8ª	Odebrecht	0,349
9ª	Sabó	0,333
10ª	Minerva Foods	0,32
11ª	Tigre	0,306
12ª	Vale	0,283
13ª	Weg	0,28
14ª	Suzano	0,271
15ª	BRF	0,271
16ª	Camargo Corrêa	0,25
17ª	Embraer	0,231

Disponível em: http://ow.ly/xAhid. Acesso em: 21 jul. 2014.

ilustrações de BRUNA ASSIS BRASIL

Fluxos e espaço geográfico

O que são fluxos?

O espaço geográfico é constituído pela relação entre elementos fixos – como estradas, pontes, construções – e fluxos, que são movimentos gerados pelas ações humanas.

Os fluxos podem ser de pessoas, mercadorias, capitais ou informações.

Rodovia (fixo) onde circulam fluxos de mercadorias (em caminhões) e de pessoas (em automóveis).

© ZANONE FRAISSAT/FOLHAPRESS

Outras palavras

Os fixos e os fluxos

Os elementos fixos, fixados em cada lugar, permitem ações que modificam o próprio lugar [...]. Os fluxos são um resultado direto ou indireto das ações e atravessam ou se instalam nos fixos, modificando a sua significação e o seu valor, ao mesmo tempo que, também, se modificam.

SANTOS, Milton. *A natureza do espaço. Técnica e tempo. Razão e emoção.* São Paulo: Hucitec, 1996. p. 61.

Desregulamentação da economia e ampliação dos fluxos

Entre os anos 1970 e 2000 os fluxos de mercadorias, capitais, pessoas e informações entre os diversos países cresceu de forma intensa.

Nesse período os governantes dos EUA, Europa, América Latina e Ásia realizaram um processo de desregulamentação da economia, por meio da eliminação de leis e regulamentos que impediam a liberdade de ação de bancos e empresas. Assim, essas instituições puderam atuar com maior liberdade no mundo.

Os governantes de muitos países também realizaram nesse momento a privatização de empresas estatais com a finalidade de atrair investimentos de empresas nacionais e multinacionais, seguindo um modelo chamado de **neoliberalismo**.

Outros fatores relacionados com a ampliação dos fluxos

Além da desregulamentação da economia, outros fatores explicam o aumento dos fluxos de mercadorias, capitais, pessoas e informações entre 1970 e 2000:

- **o avanço tecnológico, que aumentou a capacidade e a velocidade de deslocamento de mercadorias, capitais, pessoas e informações;**
- **a eliminação de barreiras ao fluxo de mercadorias, capitais, informações e pessoas entre países de um determinado bloco, como no caso dos países membros da União Europeia;**
- **a busca das empresas multinacionais por locais em que possam produzir mais barato, aumentando seus lucros.**

neoliberalismo.
sm. Corrente teórica que prega a redução de interferência estatal, especialmente na economia, responsabilizando-a por problemas como recessão e inflação, sendo a favor da chamada "livre concorrência" submetida à lógica do mercado.

GIOVANNETTI, Gilberto e LACERDA, Madalena. *Dicionário de Geografia* – Termos, expressões e conceitos. 2. ed. São Paulo: Melhoramentos, 1996. p. 143.

ilustrações de BRUNA ASSIS BRASIL

Os fluxos de mercadorias

Muitas vezes observamos grande movimento de contêineres nos portos, caixas e mais caixas sendo deslocadas pelos aeroportos, grande quantidade de caminhões passando por ruas, avenidas e rodovias... Tem-se aí a representação de grande parte do fluxo de mercadorias.

Também verificamos no nosso cotidiano a presença de produtos *made in China*, isto é, fabricados na China. Isso também indica grande fluxo de mercadorias no globo, originários de países bem distantes do Brasil.

© PAULO FRIDMAN/PULSAR IMAGENS

Contêineres para exportação no porto de Santos (SP).

Deu na internet

ONU: Comércio marítimo internacional atinge 9,2 bilhões de toneladas pela primeira vez na história

Impulsionado pelo aumento da demanda doméstica na China, pelo comércio interasiático e Sul-Sul, o comércio marítimo internacional obteve um desempenho relativamente bom em 2012, com volumes crescentes de 4,3%, atingindo 9,2 bilhões de toneladas pela primeira vez na história. [...].

No ano passado, pela primeira vez em mais de uma década, o número de navios que entrou em circulação diminuiu em relação ao total do ano anterior. O maior ciclo de construção naval do mundo – a capacidade de carga da frota mundial mais do que dobrou entre 2001 e janeiro de 2013 – começou a reduzir, no entanto, mesmo com menos navios novos, a capacidade de tonelagem mundial continuou subindo em 2012, aumentando em 6% em relação a janeiro do mesmo ano.

Disponível em: http://ow.ly/xAxck. Acesso em: 21 jul. 2014.

Você sabia?

O comércio mundial atual também inclui os serviços – transporte, turismo, bancos, seguros e telecomunicações – e a produção de ideias – consultoria, livros e patentes.

Comércio mundial por grandes regiões

Quando ampliamos o olhar e analisamos as informações sobre o comércio mundial percebemos a presença de fluxos de mercadorias entre diversas regiões do mundo.

Porém, podemos perceber que os grandes fluxos inter-regionais de mercadorias ocorrem entre três regiões: EUA/Canadá, países da Europa e Ásia/ Oceania.

Essas três regiões também apresentam um grande fluxo de mercadorias intrarregional, isto é, entre os países da mesma região.

COMÉRCIO MUNDIAL POR GRANDES REGIÕES

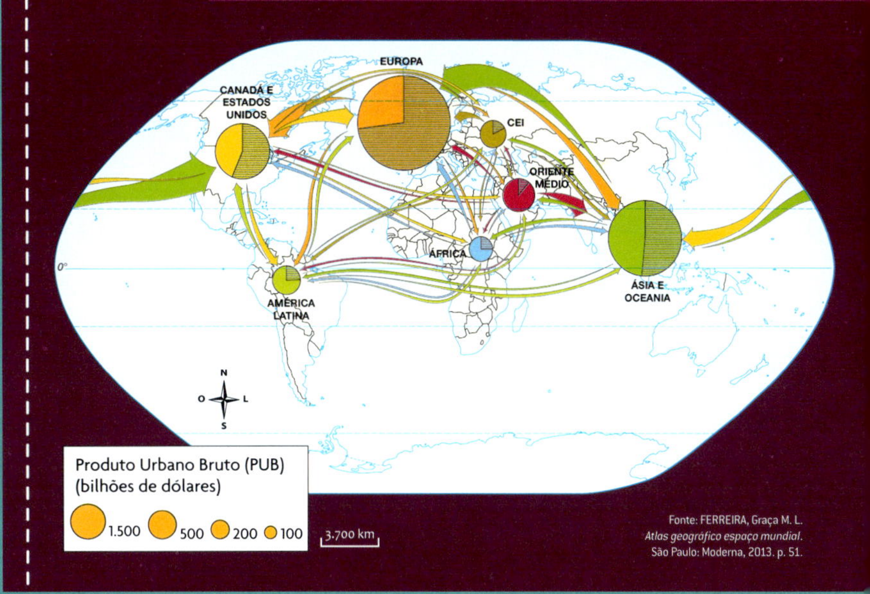

Fonte: FERREIRA, Graça M. L. *Atlas geográfico espaço mundial*. São Paulo: Moderna, 2013. p. 51.

Divisão internacional do trabalho

Nos fluxos de mercadorias, alguns países assumem funções diferentes, especializando-se na produção de:

- **conhecimento com alto valor, com base no trabalho informacional, como Estados Unidos, Alemanha, Inglaterra e Japão;**
- **grande volume de mercadorias, apoiado no trabalho de mais baixo custo, como Brasil, Argentina e México;**
- **matérias-primas, com base em recursos naturais, como Bolívia, Gana, Nigéria.**

Essa especialização de funções é chamada de divisão internacional do trabalho e foi determinada pelo processo de expansão do capitalismo ao longo dos séculos XIX e XX.

Esse processo de expansão capitalista foi liderado pelas burguesias dos países da Europa Ocidental, do Japão e dos Estados Unidos, que assumiram papel de comando econômico sobre países da América Latina e África.

ilustrações de BRUNA ASSIS BRASIL

Os fluxos de capitais

O dinheiro sumiu? Quantas vezes pagamos nossas contas ou compramos lanche na cantina da escola com cartões eletrônicos? Mas... o dinheiro estava dentro desse cartão?

Com o desenvolvimento tecnológico no setor de telecomunicações e informática, parte do dinheiro tornou-se eletrônico, virtual, e não é mais material. E esse dinheiro, na forma de investimentos, recursos, bens e valores é deslocado pelo mundo. Esse deslocamento é chamado de **fluxo de capital**.

O capital produtivo se desloca

Após a Segunda Guerra Mundial (1939-1945), muitas empresas dos países desenvolvidos começaram a se espalhar pelo mundo ou a investir capital em empresas locais.

Esse investimento de **capital produtivo** tem como objetivo gerar lucros por meio da produção de mercadorias ou da prestação de serviços. Por isso, as empresas dos países desenvolvidos investiram na construção de fábricas, lojas, supermercados, na compra de equipamentos e de matéria-prima e na contratação de trabalhadores em outros países.

© EVERETT COLLECTION/GRUPO KEYSTONE

Plataforma de petróleo de empresa inglesa no México.

O capital especulativo

A desregulamentação econômica e as novas tecnologias que facilitaram as comunicações criaram condições para a expansão do chamado **capital especulativo**, cujo objetivo é a geração de lucros em curto prazo.

Esse tipo de capital é voltado para aplicação em bolsas de valores, comércio de ações, compra e venda de câmbio (moedas) e na compra de títulos públicos.

Você sabia?

Títulos públicos são ativos de renda fixa emitidos pelo Tesouro Nacional com a finalidade de captar recursos. Na prática, o investidor empresta o dinheiro e o governo paga juros sobre esse empréstimo.

Os capitais vêm... mas vão...

Da mesma forma que os capitalistas investem seu capital especulativo, em busca de lucro rápido, eles também retiram rapidamente esses capitais e os deslocam para países em que há maior chance de ganhos.

Essa saída abrupta de capitais provoca grandes instabilidades econômicas, que têm início em um determinado país, mas, devido ao caráter global da economia, se espalham por diversos países. Em 2008, por exemplo, uma crise iniciada nos Estados Unidos contaminou a maior parte das economias do mundo.

Negociação em bolsa de valores na crise internacional de 2008.

As bolsas de valores e o mercado financeiro mundial

As bolsas de valores são instituições que oferecem as condições e os sistemas necessários para a negociação de compra e venda de títulos e valores mobiliários, e de outros ativos, de forma transparente.

Nesse sentido, elas representam os fixos onde se materializam os fluxos de capitais especulativos internacionais.

Negociação na Bovespa – Bolsa de Valores de São Paulo.

PRAÇAS FINANCEIRAS

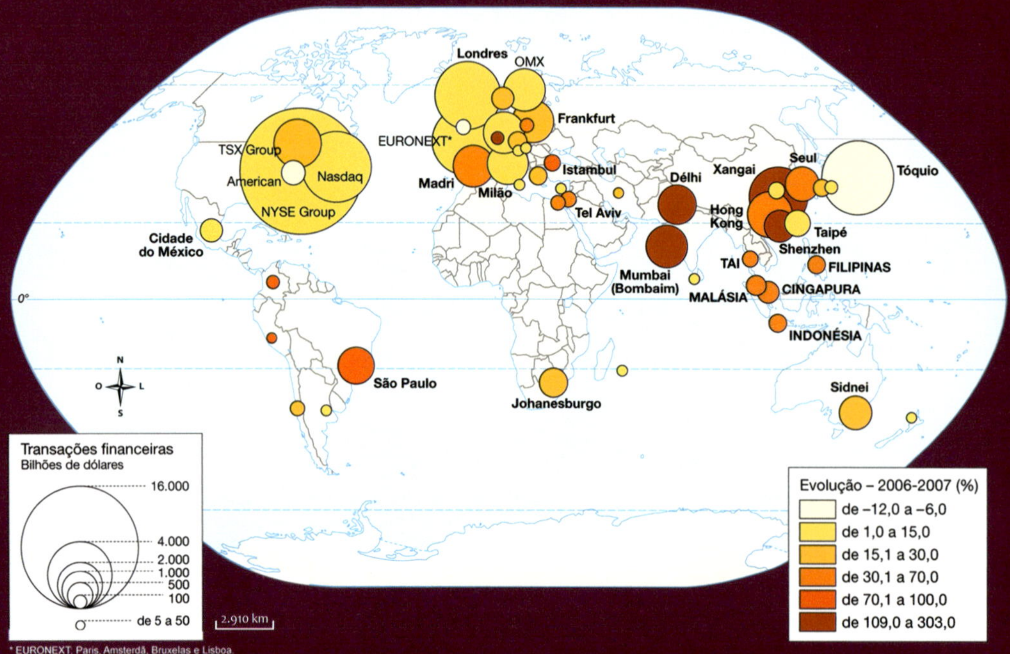

* EURONEXT: Paris, Amsterdã, Bruxelas e Lisboa.
OMX: Estocolmo, Copenhague
TSX Group: Toronto (CAN)

Fonte: WFE, 2008.

ilustrações de BRUNA ASSIS BRASIL

Capitais especulativos e cotidiano das pessoas

E qual a influência dos capitais especulativos na nossa vida?

Bem... segundo alguns autores, o movimento de entrada de capitais especulativos beneficia uma parcela pequena da população, ou seja, apenas aqueles que podem investir grandes somas visando obtenção rápida de resultados.

Já a saída abrupta dos capitais especulativos prejudica toda a população, pois provoca a falência de empresas e consequente desemprego. Além disso, afeta a capacidade de investimento dos governos, que acabam cortando gastos que seriam destinados à educação, saúde e transportes.

Fila de desempregados nos EUA na crise de 2008.

© DAVID MCNEW/GETTY IMAGES

@ Deu na internet

Brasil cai em lista de investimento estrangeiro

Um levantamento divulgado pela ONU revela que o país foi a oitava economia que mais recebeu investimentos no mundo, uma queda de duas posições

Jamil Chade

Genebra – O número de empresas estrangeiras querendo investir no Brasil ou comprando companhias nacionais sofre uma importante queda e a economia brasileira perde espaço entre as que mais atraem investimentos no mundo. [...]

Segundo os dados oficiais, empresas estrangeiras reduziram em 58% o volume de dinheiro em fusões e aquisições no Brasil entre 2012 e o primeiro semestre de 2013, uma das maiores quedas em todo o mundo. [...]

Além de perder espaço para o México, o Brasil viu as multinacionais se direcionando para a Rússia, China e Cingapura.

Disponível em: http://ow.ly/xAhsm. Acesso em: 21 jul. 2014.

INFOGRÁFICO

Fluxos de pessoas

A ampliação das rotas aéreas (representadas na figura abaixo), terrestres (trens e ônibus) e marítimas (embarcações) permite o deslocamento de turistas, trabalhadores, refugiados, empresários e autoridades políticas gerando um grande **fluxo de pessoas.**

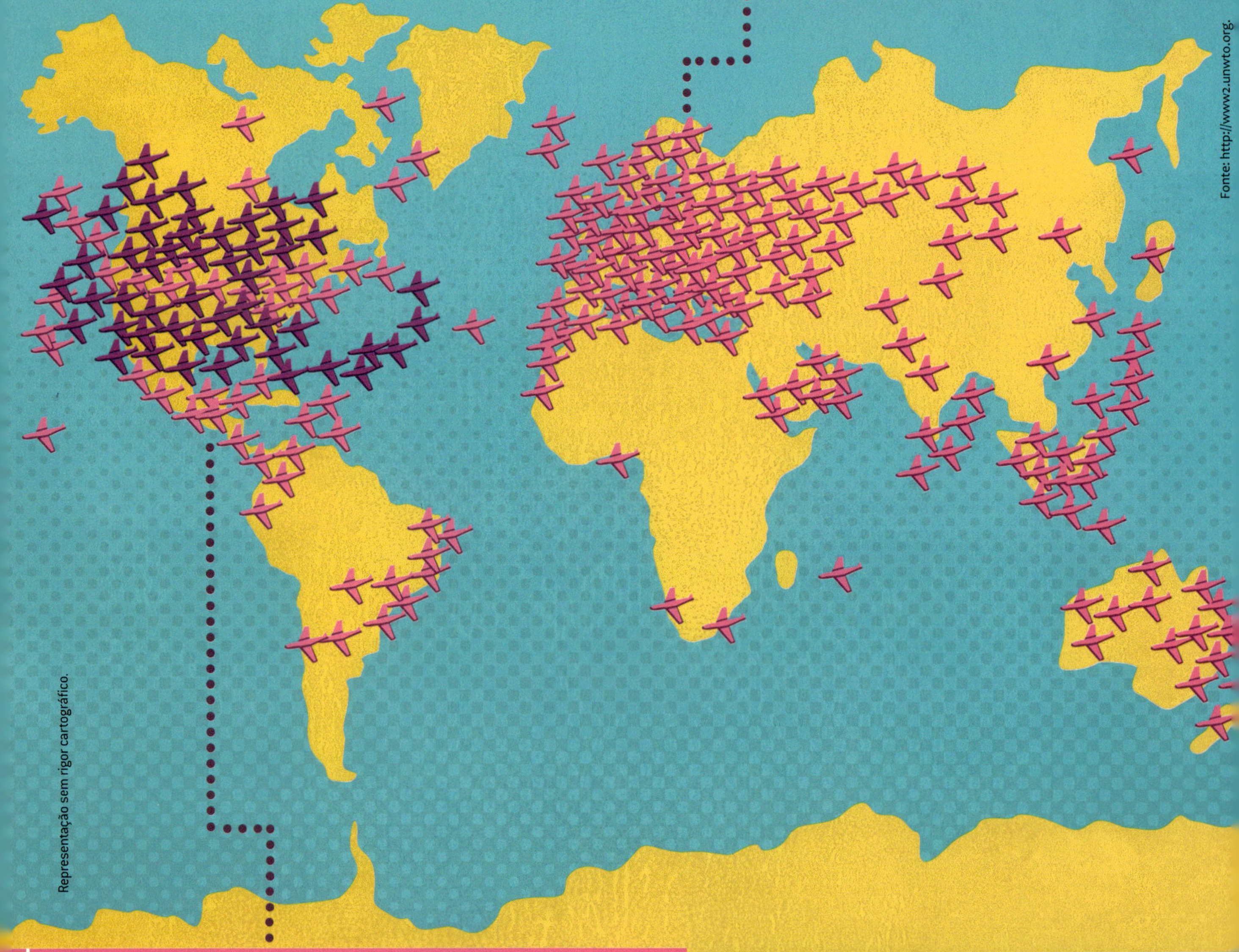

Fonte: http://www2.unwto.org.

Representação sem rigor cartográfico.

O desenvolvimento tecnológico nos meios de transporte e nas comunicações foi um dos fatores decisivos para a garantia do fluxo de pessoas.

As inovações presentes nos aviões e trens de alta velocidade, que carregam mais pessoas em viagens mais rápidas, representam bem essas transformações.

ANO	QUANTIDADE DE TURISTAS NO MUNDO
1950	25 milhões
2012	1,035 bilhão
2030	1,8 bilhão (projeção)

Fonte: Organização Mundial do Turismo, 2012.

ilustrações de BRUNA ASSIS BRASIL

Fluxos interditados e globalização excludente

Alguns fluxos de pessoas – principalmente trabalhadores com baixa qualificação – são considerados indesejáveis pelos governantes dos países ricos, que criam barreiras físicas (controles em fronteiras) e jurídicas para evitá-los.

Essas barreiras são criticadas pelos ativistas contra a globalização, pois mostram que ela exclui grandes populações pobres dos seus benefícios, que ficam restritos às elites de alguns países.

Já para o turista, as portas dos países estão abertas, visto que a quantidade de pessoas em viagem de lazer saltou muito nas últimas décadas.

© UFFICIO STAMPA MARINA MILITARE/ANSA/CORBIS/LATINSTOCK

Imigrantes africanos tentando chegar à Europa em bote.

Deu na internet

Proposta de Cameron sobre migração interna gera mal-estar na UE

Premier colhe duras críticas com plano para limitar benefícios sociais dados a migrantes internos do bloco. Para a Comissão Europeia, uma violação de um direito fundamental. Para analistas, uma jogada eleitoral.

[...] o comissário europeu para Emprego e Assuntos Sociais beirou um acesso de fúria. O motivo: o anúncio do primeiro-ministro David Cameron de que o Reino Unido não concederá benefícios sociais a migrantes da União Europeia nos três primeiros meses após sua chegada e que "removerá" os que não conseguirem emprego dentro de nove meses. [...]

O princípio básico da UE é que seus cidadãos possam circular em outros Estados tão livremente como em seu país de origem, com algumas poucas restrições. Para os novos membros do bloco, há um período de transição. Para Romênia e Bulgária, o prazo, de sete anos, termina em janeiro.

[...] há outros governos europeus preocupados com o aumento da imigração do Leste Europeu. No começo do ano, os ministros do Interior de Alemanha, Reino Unido, Holanda e Áustria alertaram, em uma carta, sobre abusos do sistema de assistência social.

Disponível em: http://ow.ly/xAfVA. Acesso em: 21 jul. 2014.

ilustrações de BRUNA ASSIS BRASIL

Os fluxos de informações

O desenvolvimento no setor de telecomunicações, a partir da década de 1970, com o uso de satélites, a difusão dos telefones e a constituição de uma rede de computadores, contribuiu para ampliar o fluxo de informações.

Esse fluxo é uma das características fundamentais do modo de vida atual e do chamado capitalismo informacional, que recebe esse nome justamente pela circulação intensa de informações.

© NICOLAS ASFOURI/AFP/GETTY IMAGES

Tablets e celulares são formas de circulação de informações entre pessoas.

Outras palavras

A importância da internet

"A internet é o tecido de nossas vidas. Se a tecnologia da informação é hoje o que a eletricidade foi na Era Industrial, em nossa época a Internet poderia ser comparada tanto a uma rede elétrica quanto ao motor elétrico, em razão de sua capacidade de distribuir a força da informação por todo o domínio da atividade humana".

CASTELLS, Manuel. *A Galáxia da Internet*. Reflexões sobre a Internet, os negócios e a sociedade. Rio de Janeiro: Jorge Zahar, 2003. p. 7.

Deu na internet @

As redes sociais

O uso de plataformas digitais de comunicação, como Orkut, Facebook, Twitter e Google+ têm se generalizado em várias partes de globo, com as mais variadas finalidades. Em março de 2013, o número de usuários brasileiros no Facebook era de 73 milhões e no Twitter era de 32 milhões.

Fonte: http://ow.ly/xAgkE. Acesso em: 21 jul. 2014.

As redes de informação

As redes de informação são compostas por diversas estruturas técnicas, como cabos, antenas, fibras ópticas e estações de micro-ondas.

Contudo, essas estruturas não se distribuem igualmente pelos países, pois alguns concentram muitas redes de informação e outros poucas estruturas. Também a distribuição das redes de informação dentro de um mesmo país é desigual.

Instalação de fibras ópticas, estruturas das redes de informação.

© DELFIM MARTINS/PULSAR IMAGENS

Distribuição da informação no Brasil

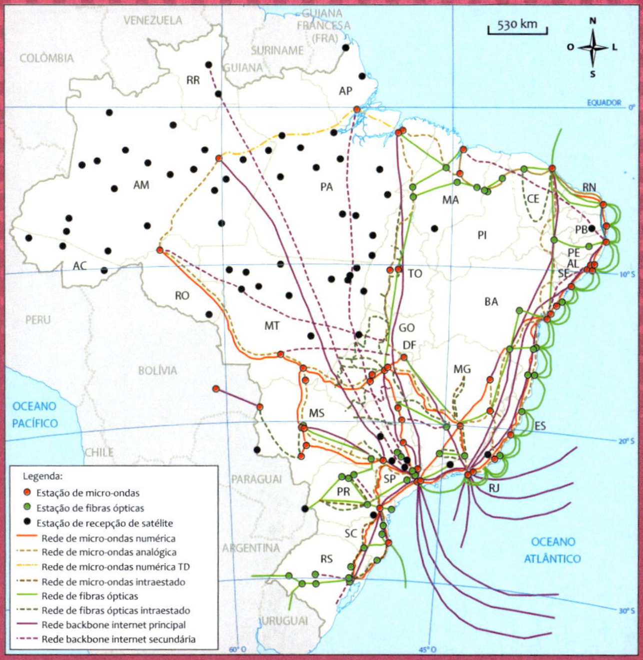

Fonte: THÉRY, Hervé e MELLO, Neli Aparecida. *Atlas do Brasil*: disparidades e dinâmicas do território. São Paulo: Edusp, 2005, p. 230.

Na Região Sudeste e ao longo do litoral nordestino, o Brasil tem concentrações de estruturas de informação – como fibras ópticas e de micro-ondas. Já nas regiões Centro-Oeste e Norte predominam as estações de recepção de satélite.

Redes de informação e espionagem

A grande ampliação das redes de informação permitiu que grandes empresas tivessem acesso a dados pessoais dos seus clientes e os utilizassem para oferecer novos produtos. Essa circulação de informações na rede permitiu também que agências de segurança das potências econômicas, como os EUA, espionassem as ações de governantes de outros países, gerando críticas e protestos.

Deu na internet @

Obama prepara medidas amplas para conter rede de espionagem americana

O presidente Barack Obama anunciará [...] mudanças na atuação dos serviços de espionagem do país que devem aumentar o rigor sobre o monitoramento de líderes estrangeiros e podem estender a cidadãos de outros países garantias de privacidade que hoje são restritas aos americanos.

A revisão das atividades da Agência de Segurança Nacional (NSA, na sigla em inglês) ocorrerá sete meses depois de Edward Snowden ter iniciado o vazamento de documentos que expuseram o alcance global da coleta de dados pelo serviço de espionagem dos EUA.

As revelações estremeceram as relações de Washington com países aliados e causaram reação de defensores do direito à privacidade. [...]

Disponível em: http://ow.ly/xAgum. Acesso em: 21 jul. 2014.

ARTE

TIPO: *Cartum*

AUTOR: *Carlos Latuff*

ONDE FOI PUBLICADO: *Jornal Expresso-Portugal/ Expresso.sapo.pt*

DATA: *6 jul. 2013*

TEMA: *Espionagem global na internet*

Cidades globais

ilustrações de BRUNA ASSIS BRASIL

As redes globais de fluxos de capitais, mercadorias, pessoas e informações têm pontos de interconexões chamados de **cidades globais**.

As cidades globais são os centros que controlam a economia mundial e os fluxos, concentram o poder mundial e têm elevada densidade de objetos técnicos, como redes de computadores, aeroportos, portos, redes de transporte.

As cidades globais exercem diversos tipos de influência em outras cidades do próprio país e também de outros países:

- **atraem trabalhadores em busca de emprego e consumidores em busca de mercadorias;**
- **concentram centros de pesquisa avançada, atraindo estudantes em busca de qualificação;**
- **atraem pessoas em busca de serviços de saúde especializados, concentrados nas cidades globais.**

CIDADES GLOBAIS
PUB

Fonte: FERREIRA, Graça M. L.. *Atlas geográfico*: espaço mundial. São Paulo: Moderna, 2013. p. 57.

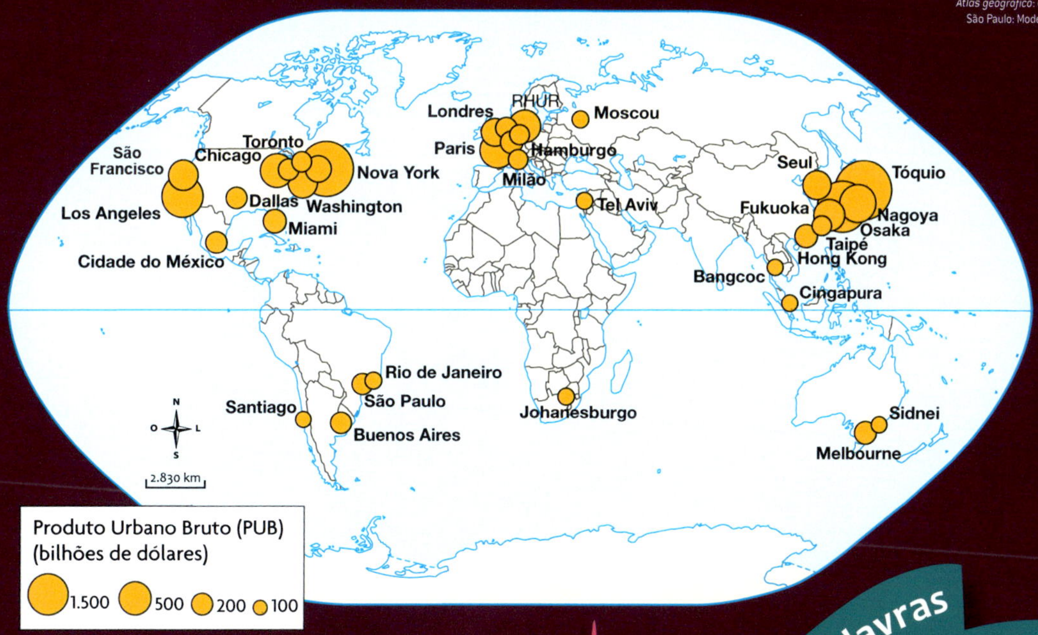

Fonte: KNAFOU, 2006.

Outras palavras

A importância das cidades globais

As cidades globais são, portanto, o centro estratégico na gerência da economia global, notadamente no que se refere a serviços especializados e finanças, constituindo-se em mercados transnacionais onde firmas e governo podem comprar tais serviços.

FERREIRA, Fabio. "Cidades globais, do conhecimento, criativas ou technopolis: um olhar sobre Austin e Salvador". In: *Revista ComCiência*, n.125, Campinas, fev. 2001. Disponível em: http://ow.ly/xAeoJ. Acesso em: 21 jul. 2014.

Cotidiano e resistência

Redes sociais: amigos reais?

Milhões de pessoas no mundo todo participam de redes sociais, conversando pelos aparelhos móveis e pelos computadores.

O principal ponto positivo dessa forma de comunicação é que ela possibilita a criação de centenas de novas amizades e de grupos de relações. Além disso, ela permite rápidas mobilizações sociais e políticas, contatos profissionais e acesso a produtos e serviços de interesse pessoal.

Contudo, alguns pesquisadores argumentam que essa forma de comunicação pode contribuir para afastar os parentes e amigos "reais", com os quais deixamos de conversar no mundo real em troca das amizades do mundo virtual. Outros, porém, defendem que a comunicação virtual também é "real", pois cria formas de convívio específicas dos novos tempos.

Os *games* vão substituir livros e esportes?

Milhões de crianças, jovens e adultos jogam *games* na televisão, nos computadores, nos *tablets* ou nos aparelhos móveis.

A forte presença dos *games* levou alguns pesquisadores a defender a hipótese de que eles vão substituir os livros e materiais didáticos tradicionais na forma de ensinar os conteúdos para as crianças e jovens.

Competições de *games* passaram a ser considerados esportes pela legislação de alguns países, como a Coreia do Sul.

Jovem brasileiro que participa de competições internacionais de *games*.

ilustrações de ELDER GALVÃO

Você é nomofóbico?

Os novos aparelhos móveis, conhecidos como *smartphones*, aliam mobilidade e conectividade, permitindo diversas funções, como acesso à internet sem fio e a ferramentas de mídias sociais, câmera de vídeo e foto, instalação de *softwares* e utilização de aplicativos (*apps*), que permitem ao usuário realizar atividades como jogar, acessar rotas de trânsito e localizar pontos comerciais.

Por isso, algumas pessoas ficam desesperadas e angustiadas quando perdem ou esquecem seus aparelhos móveis em algum lugar, desenvolvendo uma doença chamada **nomofobia**.

Você também não consegue viver sem seus aparelhos móveis? Por quê?

ARTE

TIPO: Cartum

AUTOR: André Dahmer

ONDE FOI PUBLICADO: Folha de S.Paulo

DATA: 8 fev. 2014

TEMA: Choque entre gerações

Os vizinhos se reuniam para assistir juntos aos programas transmitidos ao vivo e em preto e branco por um único canal – jornais, teleteatros e filmes – apenas após as 17 horas.

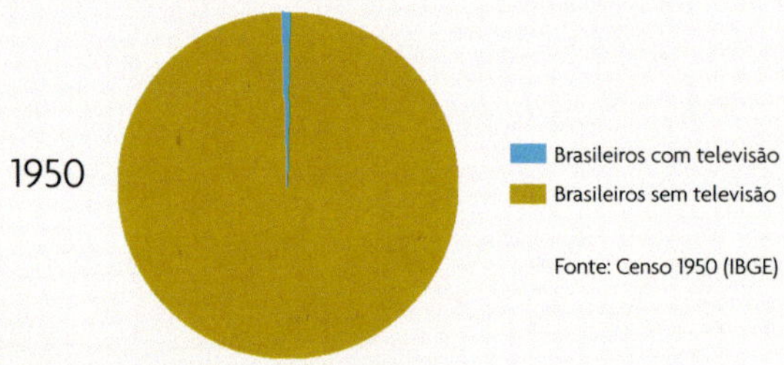

1950 ····· 1960 ····· 1970 ····· 1980 ···

VER TV EM TRÊS

ilustrações de ELDER GALVÃO

Ao longo do dia, eram transmitidos diversos programas. À noite, as famílias se reuniam para assistir às novelas e humorísticos gravados anteriormente e transmitidos em cores por vários canais de TV aberta.

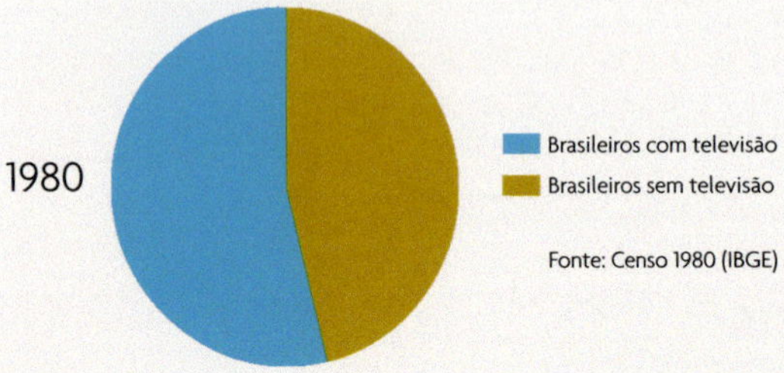

2010

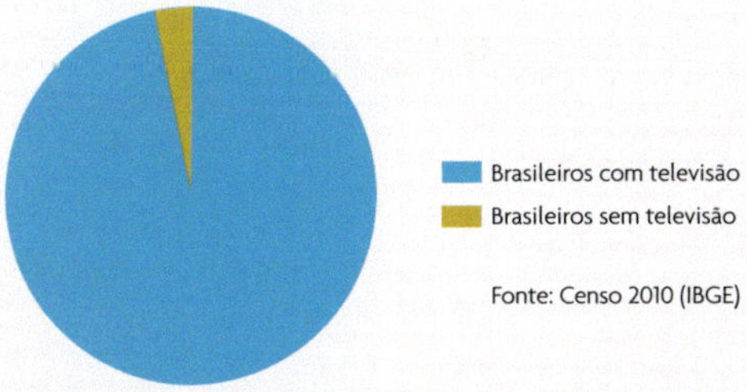

As pessoas podem assistir a milhares de programas em centenas de canais de TV aberta e paga, em horários fixos ou “sob demanda”, com compra imediata. Também podem assistir a esses programas na tela do computador ou em seus aparelhos móveis.

... 1990 ..... 2000 ..... **2010** 2020

TEMPOS

Deu na internet

O futuro da TV

Esqueça os aparelhos estáticos. A nova vocação da televisão está em seguir o espectador por onde ele estiver

Juliana Tiraboschi

[...] No computador, por meio de *sites*, ou nas telinhas dos telefones portáteis, o futuro da televisão aponta para um novo hábito: o de assistir TV fora da TV. [...]

Perdeu seu programa favorito? Tudo bem, você pode assistir à reprise no portal da emissora. Quer ver uma comédia ou o jornal no celular enquanto se desloca de metrô? É possível também, já que as principais operadoras do país oferecem sinal digital para aparelhos 3G, tecnologia que possibilita a transmissão de dados em alta velocidade. [...]

Disponível em: *Revista Galileu*, edição 213. São Paulo: abril, 2009. http://ow.ly/xCkpR. Acesso em: 3 jun. 2014.

REVOLTAS E MAIS

ESTADOS UNIDOS
OCCUPY WALL STREET (2011)

ocupação de praças contra a desigualdade econômico-social gerada pelo sistema financeiro norte-americano.

ESPANHA
INDIGNADOS (2011)

passeatas em grandes cidades, exigindo medidas contra a crise econômica, fim dos partidos políticos tradicionais e direito a bens de primeira necessidade.

PORTUGAL
GERAÇÃO À RASCA (2011)

passeatas em grandes cidades, exigindo medidas contra a crise econômica, principalmente contra o desemprego que atinge fortemente os jovens.

BRASIL
MOVIMENTO TARIFA ZERO (2013)

passeatas em grandes cidades, exigindo a revogação do aumento das tarifas de ônibus e o estudo de sua gratuidade.

ARGÉLIA
REVOLTAS (2010-2012)

protestos exigindo mudanças no sistema político.

CHILE
MOVIMENTO ESTUDANTIL (2011)

passeatas reivindicando o ensino público e gratuito, financiado pelo governo.

BRASIL
PROTESTO DA CENTRAL DO BRASIL (2014)

liberação forçada das catracas em estação ferroviária do Rio de Janeiro (RJ), em protesto contra as más condições de transporte nos trens e contra a elevação do preço da tarifa.

ilustrações de ELDER GALVÃO

Representação sem rigor cartográfico.

ISLÂNDIA
REVOLUÇÃO DOS PANELAÇOS (2009)

batendo panelas e buzinando, os manifestantes exigiram – e conseguiram – a renúncia das principais autoridades responsabilizadas pela crise econômica e a convocação de novas eleições.

GRÉCIA
REVOLTAS E GREVES (2008)

revoltas e greves pela morte de um jovem pela polícia e contra a crise econômica que gerou grande desemprego.

REVOLTAS...

© CADU ROLIM/FOTOARENA

EGITO
REVOLTAS (2011)

protestos exigindo a saída do ditador Hosni Mubarak, que renuncia ao poder.

TUNÍSIA
REVOLUÇÃO DE JASMIM (2010-2011)

jovem se suicida em protesto contra o governo e milhares protestam, derrubando o ditador Ben-Ali.

Outras palavras

O que as revoltas têm em comum?

O que a maioria dos manifestantes compartilha é um sentimento fluido de desconforto e descontentamento que sustenta e une demandas particulares. [...] O capitalismo global é um processo complexo que afeta diversos países de maneiras variadas, e o que unifica tantos protestos em sua multiplicidade é que são todos reações contra as múltiplas facetas da globalização capitalista.

ZIZEK, Slavoj. “Problemas no Paraíso”. In: MARICATO, Ermínia et al. *Passe livre e as manifestações que tomaram as ruas do Brasil*. São Paulo: Boitempo/Carta Maior, 2013. p. 103-104.

ilustrações de CAIO CARDOSO

Comprar e trabalhar sem sair de casa

Algumas pessoas compram roupas, brinquedos e utensílios domésticos sem sair de casa. Outras trabalham em casa, sem ter que se deslocar até suas empresas. Tudo isso com um clique na tela de um aparelho eletrônico!

Contudo, essas facilidades estão plenamente acessíveis apenas às camadas média e alta das grandes cidades, excluindo milhões de pessoas no mundo todo.

© ELLAGRIN/SHUTTERSTOCK

Deu no jornal

SUPERMERCADO DO FUTURO

Escolher o que falta na geladeira pelo celular e usar um escâner para não ter que passar produto por produto no caixa são algumas das tecnologias já disponíveis

Toni Sciarretta / Claudia Rolli

© LUCIANA WHITAKER/PULSAR IMAGENS

[...] Para os atarefados e estressados das grandes cidades, supermercados como o francês Casino e o britânico Asda (do grupo norte-americano Walmart) já têm um aplicativo para fazer as compras pelo celular, além de superescâneres que mapeiam o carrinho todo – sem ter de passar produto por produto no caixa – e agilizam a vida de quem vai ao local.

Com o aplicativo, o cliente escolhe os itens, paga pelo cartão e passa numa espécie de *drive-thru* do supermercado mais próximo para pegar sua *ecobag* (devolvida depois na loja) pelo vidro do carro. [...]

A principal tecnologia, porém, é a "chipagem" de produtos, que ainda está longe de ser implementada no Brasil devido ao custo elevado.

Por meio do *chip*, como de cartões de crédito e celulares, o item poderá ser rastreado, ter seu valor debitado da conta e até "avisar" que está acabando, entre outras facilidades.

Exemplo: Acabou o leite? Basta deixar programado e o *chip* manda uma mensagem ao mercado pedindo a reposição (por *delivery*). O queijo venceu? Segue para o cesto do lixo, com a encomenda de outro já garantida.

Fonte: *Folha de S.Paulo*, caderno TEC, p. 12, 26 dez. 2013.

© SNORKS/SHUTTERSTOCK

Ligando os pontos

Retomando o desafio

Agora é hora de juntar todas as informações que apresentamos ao longo deste livro e responder à pergunta:

QUAIS AS MUDANÇAS TECNOLÓGICAS, ECONÔMICAS E SOCIAIS DA GLOBALIZAÇÃO?

Ao longo do nosso estudo, identificamos algumas mudanças tecnológicas, econômicas e sociais ligadas ao processo de globalização.

Também percebemos que essas mudanças têm consequências positivas e negativas e não atingem igualmente todos os grupos sociais, nem todos os países.

Agora vamos organizar nossas informações e refletir se é possível lutar por outra forma de globalização, controlando seus efeitos negativos e incluindo as pessoas excluídas desse processo.

Outras palavras

Outra globalização

As condições acima enumeradas [as crises decorrentes da globalização] deverão permitir a implantação de um novo modelo econômico, social e político que, a partir de uma nova distribuição dos bens e serviços, conduza à realização de uma vida coletiva solidária e, passando da escala do lugar à escala do planeta, assegure uma reforma do mundo, por intermédio de outra maneira de realizar a globalização.

SANTOS, Milton. *Por uma outra globalização: do pensamento único à consciência universal.* Rio de Janeiro: Record, 2001. p. 168.

Prédios de luxo e casas improvisadas: exemplo da globalização excludente.

INFOGRÁFICO

Organizando as informações

QUAIS AS TECNOLÓGICAS, E SOCIAIS DA

© SPL/LATINSTOCK

PRIMEIRA REVOLUÇÃO INDUSTRIAL

Invenção da máquina a vapor, que ampliou muito a produtividade das fábricas, dando origem ao capitalismo industrial.

SEGUNDA REVOLUÇÃO INDUSTRIAL

O uso de combustíveis derivados do petróleo e da energia elétrica, a expansão das ferrovias e o financiamento das indústrias pelos grandes bancos ampliou ainda mais a produtividade, originando o capitalismo financeiro.

© ILUSTRAÇÃO DE GLAUCO DIÓGENES E PAOLA LOPES

REVOLUÇÃO TÉCNICO-CIENTÍFICA E GLOBALIZAÇÃO

O desenvolvimento da microeletrônica, robótica, telecomunicações e informática está ligado ao capitalismo informacional, em que a rapidez das informações permite a expansão dos mercados em termos globais, mas gera efeitos negativos, como desemprego, exclusão social e crises econômicas.

© GEORGII SHIPIN/SHUTTERSTOCK

© PEDRO SILVEIRA/FOLHAPRESS

MUDANÇAS NO COTIDIANO

Compras *on-line*, trabalho em casa, novas formas de lazer, amizades em redes sociais, *games* substituindo livros e esportes...

ilustrações de CAIO CARDOSO

© HUNOTIKA/SHUTTERSTOCK

MUDANÇAS ECONÔMICAS GLOBALIZAÇÃO?

FLUXOS DE MERCADORIAS

O fluxo de mercadorias foi intensificado por meio de redes de empresas transnacionais que têm como eixo principal as multinacionais.

© ZANONE FRAISSAT/FOLHAPRESS

© NICOLAS ASFOURI/AFP/GETTY IMAGES

FLUXOS DE INFORMAÇÕES

Mudanças tecnológicas aceleraram o fluxo de informações para todas as partes do mundo.

FLUXOS DE PESSOAS

Novos meios de transporte tornaram mais rápido o fluxo de pessoas pelo mundo. Contudo, alguns governos criaram regras para controlar esses fluxos, em especial o de migrantes em busca de trabalho.

© NEIRFY/SHUTTERSTOCK

FLUXOS DE CAPITAIS

A rapidez na comunicação possibilitou a intensificação do fluxo de capitais, por meio de especulação em bolsas de valores ou de investimentos em redes de empresas e multinacionais.

© ILUSTRAÇÃO DE BRUNA ASSIS BRASIL

RESISTÊNCIAS À GLOBALIZAÇÃO

Revoltas em várias partes do mundo contra os efeitos negativos da globalização, como exclusão social, concentração de renda, desemprego e crises econômicas.

© CADU ROLIM/FOTOARENA

Concluindo

ilustrações de CAIO CARDOSO

Alguns pesquisadores e ativistas defendem mudanças pontuais para diminuir os problemas da globalização, mantendo a base do capitalismo informacional, que consideram irreversível.

Outros defendem que é possível lutar por uma mudança radical que acabe com o capitalismo e leve a outra forma de globalização.

Outras palavras

Uma globalização não capitalista!

A maximização do controle político democrático e o estímulo ao desenvolvimento justo das capacidades humanas e da responsabilidade ambiental não são compatíveis com o capitalismo tal como o conhecemos [...]

Se os movimentos por direitos humanos, assim como o trabalhista, o feminista, o ambientalista e outros movimentos sociais transnacionais chegassem um pouco mais perto de atingir seus fins em comum, teríamos um "outro mundo".

EVANS, Peter. "Será possível uma globalização alternativa?". In: *Revista Periferia*. Rio de Janeiro: Uerj/FEBF, v. 1, n. 1, 2010. p. 29. Disponível em: http://ow.ly/zpwMD. Acesso em: 21 jul. 2014.

Controle de capitais especulativos

Em 1981, o economista norte-americano James Tobin propôs a criação de uma taxa internacional para controlar o fluxo de capitais especulativos.

Tal tributo – que ficou conhecido como Taxa Tobin – vem sendo defendido por pesquisadores e ativistas como forma de controlar a especulação financeira, que gera crises econômicas internacionais.

Contudo, as grandes instituições financeiras e seus representantes políticos impedem a adoção desse tipo de tributo, alegando que ele criaria entraves ao desenvolvimento capitalista.

Reunião da Organização Mundial do Comércio (OMC), que define regras para o comércio internacional.

Equidade no comércio internacional

Governantes dos países pobres ou em desenvolvimento defendem que a Organização Mundial do Comércio (OMC) garanta:

- **o fim dos subsídios e isenções de impostos dos países ricos aos seus agricultores;**
- **o fim das restrições à entrada de produtos – em especial agropecuários – nos países ricos e das taxações das importações.**

Essas medidas ampliariam a equidade no comércio internacional, garantindo maiores chances para os países pobres ou em desenvolvimento, mas são rechaçadas pelos governos dos países ricos.

Reunião da APEC, bloco de cooperação econômica entre alguns países da Ásia e do Pacífico.

Votação no Parlamento da Islândia sobre direitos sociais e crise econômica.

Minimizar o desemprego e distribuir a renda

Os críticos da globalização defendem também a criação de legislações nacionais e internacionais e ações efetivas dos governantes que garantam a todos os cidadãos direitos sociais e econômicos básicos, como moradia, emprego, renda mínima, saúde, transporte e aposentadoria.

Tais medidas – que contribuiriam para minimizar os efeitos negativos da globalização, como desemprego, aumento da concentração de renda e exclusão social – são rechaçadas pelos defensores do neoliberalismo, que consideram que elas diminuem a competitividade dos países e tornam o Estado endividado.

© CYBRAIN/SHUTTERSTOCK

REFERÊNCIAS BIBLIOGRÁFICAS

AMBROGI, Angélica; LISBÔA, Júlio Cezar. *Misturas e substâncias*: reações químicas. São Paulo: Hamburg/Cecisp, 1986.

BAUMAN, Z. *Globalização*: as consequências humanas. Rio de Janeiro: Jorge Zahar, 1999.

CASTELLS, Manuel. *A sociedade em rede*. São Paulo: Paz e Terra, 1999.

________. *A Galáxia da Internet*. Reflexões sobre a Internet, os negócios e a sociedade. Rio de Janeiro: Jorge Zahar, 2003.

CHALLDNER, Jack. *Física*. São Paulo: Ática, 1997.

ENGELS, F. *A situação da classe operária na Inglaterra*. São Paulo: Global, 1986.

EVANS, Peter. "Será possível uma globalização alternativa?". In: *Revista Periferia*. Rio de Janeiro: Uerj/FEBF, v. 1, n. 1, 2010.

FERREIRA, Fabio. "Cidades globais, do conhecimento, criativas ou technopolis: um olhar sobre Austin e Salvador". In: *Revista ComCiência*, n. 125, Campinas, fev. 2001. Disponível em: http://ow.ly/xAeoJ. Acesso em: 3 jun. 2014.

FERREIRA, Graça M. L. *Atlas geográfico espaço mundial*. São Paulo: Moderna, 2013.

GIOVANNETTI, Gilberto; LACERDA, Madalena. *Dicionário de Geografia* – Termos, expressões e conceitos. 2. ed. São Paulo: Melhoramentos, 1996.

HARVEY, David. *A condição pós-moderna*. São Paulo: Loyola, 1993.

_______. *Espaços da Esperança*. São Paulo: Loyola, 2009.

HAUTSCH, Oliver. "O que é um transistor e por que ele é importante para o computador?" Disponível em: http://ow.ly/xAeLC. Acesso em: 3 jun. 2014.

IANNI, Octavio. *Sociedade global*. Rio de Janeiro: Civilização Brasileira, 1993.

JAMESON, Fredric. *A cultura do dinheiro*: ensaios sobre a globalização. Petrópolis: Vozes, 2001.

KRASILCHIK, Miriam (Coord.) *Ciência integrada*. São Paulo: Hamburg, 1974.

SANTOS, Milton. *A natureza do espaço*. Técnica e tempo. Razão e emoção. São Paulo: Hucitec, 1996.

_______. *Por uma outra globalização*: do pensamento único à consciência universal. Rio de Janeiro: Record, 2001.

SASSEN, Saskia. *As cidades na economia mundial*. São Paulo: Nobel, 1998.

SENE, Eustáquio de. *Globalização e espaço geográfico*. São Paulo: Contexto, 2012.

SEVCENKO, Nicolau. *A corrida para o século XXI*. São Paulo: Companhia das Letras, 2001.

SCHMIDT, Eric; COHEN, Jared. *A nova era digital*: como será o futuro das pessoas, das nações e dos negócios. Rio de Janeiro: Intrínseca, 2013.

ZIZEK, Slavoj. "Problemas no Paraíso". In: MARICATO, Ermínia et al. *Passe livre e as manifestações que tomaram as ruas do Brasil*. São Paulo: Boitempo/Carta Maior, 2013.

© CORAMAX/SHUTTERSTOCK